BEI GRIN MACHT SICH IHR WISSEN BEZAHLT

AF138463

- Wir veröffentlichen Ihre Hausarbeit,
  Bachelor- und Masterarbeit

- Ihr eigenes eBook und Buch -
  weltweit in allen wichtigen Shops

- Verdienen Sie an jedem Verkauf

Jetzt bei www.GRIN.com hochladen und kostenlos publizieren

Industrie 4.0. Zukunftsmodell oder digitale Überwachung?

Markus Jany

GRIN ☺

Bibliografische Information der Deutschen Nationalbibliothek:

Die Deutsche Nationalbibliothek verzeichnet diese Publikation in der Deutschen Nationalbibliografie; detaillierte bibliografische Daten sind im Internet über http://dnb.d-nb.de abrufbar.

ISBN: 9783346557681
Dieses Buch ist auch als E-Book erhältlich.

Druck und Bindung: Books on Demand GmbH, Norderstedt Germany
Gedruckt auf säurefreiem Papier aus verantwortungsvollen Quellen

Das vorliegende Werk wurde sorgfältig erarbeitet. Dennoch übernehmen Autoren und Verlag für die Richtigkeit von Angaben, Hinweisen, Links und Ratschlägen sowie eventuelle Druckfehler keine Haftung.

Das Buch bei GRIN: https://www.grin.com/document/1159776

Inhalt

Industrie 4.0 – Zukunftsmodell oder digitale Überwachung?!

Aus Gründen der leichteren Lesbarkeit wird im folgenden Text auf eine geschlechtsspezifische Differenzierung, wie z.B. TeilnehmerInnen verzichtet. Im vorliegenden Text wird durchgängig die männliche Form benutzt. Im Sinne des Gleichbehandlungsgesetzes sind diese Bezeichnungen als nicht geschlechtsspezifisch zu betrachten, sondern schließen beide Formen gleichermaßen mit ein.

Einleitung

Industrie 4.0 – Zukunftsmodell oder digitale Überwachung?!
Im Hauptteil wird erörtert woher Industrie 4.0 kommt, was es bedeutet und wie es sich entwickelt hat. Des Weiteren werden die Etablierung, der momentane Stand und die weitere mögliche Entwicklung betrachtet. Weitere wichtige Punkte sind die möglichen Herausforderungen, Risiken und Erfolgschancen von Industrie 4.0 und wie die Supply Chain in Industrie 4.0 aussehen könnte. Hier stehen große Erfolgschancen, wie smarte Produkte und künstliche Intelligenz, weitreichenden Herausforderungen wie z.B. im Bereich Arbeitswelt, sozialem Umfeld und Sicherheit gegenüber, welche alle berücksichtigt werden müssen, damit Industrie 4.0 sich sicher und wertvoll für die Gesellschaft entwickeln kann und nicht zu einem Risiko wird.

Hauptteil

Industrie 4.0 steht in Deutschland wie auch im europäischen Raum für eine vierte industrielle Revolution und ist erstmals 2011 auf der Messe Hannover aufgetaucht. Während die ersten drei industriellen Revolutionen im Nachhinein festgelegt wurden, geht man bei Industrie 4.0 in eine eher prophezeiende Position und sagt diese voraus (siehe Abb. 1). Während in der ersten industriellen Revolution Ende des 18. Jahrhunderts die Weiterentwicklung der kohlebetriebenen Dampfmaschine für verschiedene Produktionsabläufe zu großen Produktivitätsgewinnen führte, wurden in der zweiten industriellen Revolution Ende des 19. Jahrhunderts durch neue Energien wie Erdöl (z.B. Verbrennungsmotoren für PKW und LKW) und Strom (z.B. zentrale Kraftwerke für die Stromversorgung von Maschinenparks der Industrie) bzw. Kommunikationstechnologien (wie dem Telefon) die Produktions- und Logistikabläufe verbessert (z.B. die Fließbandarbeit, welche von Henry Ford in der Automobilproduktion etabliert wurde). In der dritten industriellen Revolution ab den 1960er-Jahren lag der Schwerpunkt auf Information und Kommunikation, welche durch Computer und Roboter unterstützt wurde und zu weiterer Automatisierung wie Speichermedien, computerunterstützten Arbeiten, Entlastung der Menschen durch Fertigungsrobotern usw. führte. In dieser Phase kam es zu starker Globalisierung und Informationsübernahme in digitale Form. Die nun prophezeite vierte industrielle Revolution wurde mit dem Namen Industrie 4.0 bedacht und stellt eher eine Weiterentwicklung und Kombination der digitalen Revolution dar, da technologisch gesehen am Markt bereits alles vorhanden war (Hardware, Software, Netzwerke). In Industrie 4.0 werden wie erwähnt bestehende Dinge weiterentwickelt und kombiniert und durch Big Data, Internet der Dinge, CPS (cyber-physisches System) usw. geprägt (vgl. Hug, 2018, S. ff).

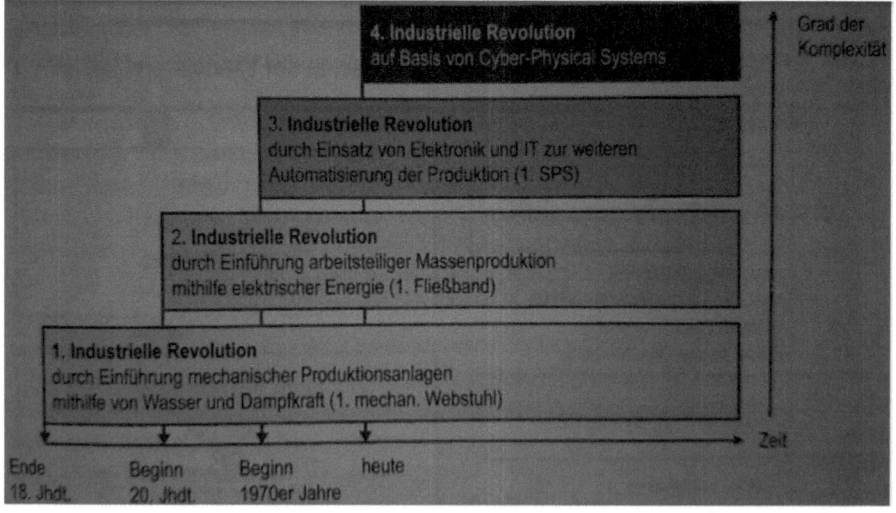

1 - Die vier Stufen industrieller Revolution (Quelle: Schulte, 2017, S. 195 – Erstquelle Schlick u.a. 2012)

Gemäß Günter Wöhe (vgl. 2016, S. 357) steht Industrie 4.0 für die

- auf Digitalisierung basierende
- Vernetzung von
  - Werkstoffen
  - Produkten
  - Betriebsmitteln
  - Personen
  - Unternehmensübergreifenden Wertschöpfungsketten
- In Echtzeit.

Meine Meinung deckt sich mit Wöhe (2016, S. 358 f), dass Industrie 4.0 noch weitgehend Zukunftsmusik und nur teilweise Realität in europäischen Unternehmen ist, wobei man in einigen Unternehmen natürlich bereits Ansätze (z.B. Automobilindustrie) vorfindet. Industrie 4.0 beinhaltet gemäß Wöhe folgendes:

- Vernetzung: unternehmensübergreifende Kommunikations- und Infrastruktur mit Speicher-, Zugriffs- und Datenverarbeitungsmöglichkeiten
- Digitalisierung: Identifikation von Betriebsmittel und Produkten durch Barcodes oder Funketiketten, Sensoren usw.
- Steuerung: nicht über zentralen Computer, sondern durch viele miteinander vernetzte Geräte und andere Betriebsmittel
- Informationssammlung: Erhebung und Speicherung der Sensor- und Prozessdaten in Echtzeit
- Strukturierte Datenanalyse: Systematische Auswertung der großen Datenmengen (Big Data) mittels immer leistungsfähigerer Hard- und Software

Die Grundlage der vierten industriellen Revolution ist nicht eine einzige disruptive Innovation der letzten Jahre, sondern die benötigten Technologien wie Rechenleistung, Speichergrößen und Netzkapazitäten haben sich permanent weiterentwickelt und wachsen exponentiell bei gegenläufiger Kostendegression. Die Kombination und Zusammenführung verschiedener Technologien, welche nun kostengünstig und flächendeckend zur Verfügung stehen, ermöglichen Industrie 4.0. Eine wichtige Rolle spielen eingebettete Systeme (embedded Systems) = Kleinstcomputer, welche in Gegenstände integriert werden können. Diese eingebetteten Systeme enthalten Sensoren und Aktoren mit welchen sie Daten

4

erfassen, speichern, verarbeiten und diese weiterkommunizieren können und damit ihre Umgebung beeinflussen und werden so zu intelligenten Objekten (smart objects). Bereits heute sind diese smart objects in vielen Produkten enthalten. Auf der anderen Seite werden Internet über Mobilfunk und WLAN weiterentwickelt und es werden Kapazitäten geschaffen, damit diese embedded systems sich untereinander und mit dem Internet vernetzen, Daten austauschen und ihre Fähigkeiten als Dienste im Netz anbieten. Somit werden eingebettete Systeme zu Cyber-Physical-Systems, welche automatisch eine Vielzahl an Daten über die Umgebung und ihre digitalen Prozesse sammeln und zur Verfügung stellen. Da dies automatisiert funktioniert, wird die Fehlerquote der früheren Erfassung per Hand auf den Datenträger stark reduziert. Es wird aufgrund der bereits hochentwickelten Sensorik ein feingranulares Monitoring der Umwelt möglich und ein flächendeckender Einsatz ist damit leicht und billig möglich. Cyber-Physical-Systems sind intelligente Objekte, welche mit dezentraler Steuerung versehen sind und sich selbstständig steuern und mit der physikalischen und digitalen Welt global über das Internet der Daten und Dienste interagieren. Durch Cloud Computing werden jederzeit abrufbare IT-Ressourcen, Softwareanwendungen, Online-Dienste und Geschäftsprozesse ohne Kapitalbindung kostengünstig (bezahlt wird nur was benutzt wird) fast für Jeden flächendeckend zur Speicherung von beliebig vielen Daten zur Verfügung gestellt. Diese riesigen Datenmengen werden mit dem Schlagwort „Big Data" bezeichnet und lassen sich mit intelligenten Algorithmen analysieren. Daraus werden Informationen gewonnen und zu neuem Wissen verknüpft, somit wird aus Big Data Smart Data. Ein weiterer Bestandteil von Industrie 4.0 und der Digitalisierung ist der Begriff „Internet der Dinge", welcher im Zuge der RFID basierten Verfolgung von Gütern in der Zulieferkette von Procter&Gamble Eingang in die Logistik fand. Während das Internet auf die rein virtuelle Welt eingeschränkt ist, wird Internet der Dinge um die Vernetzung von und mit Alltagsgegenständen erweitert, welche Informationen wie Ort, Zustand, Infos aus der Umgebung usw. bereitstellen und so die dingliche und virtuelle Welt verbinden (vgl. Schulte, 2017, S. 194 ff).

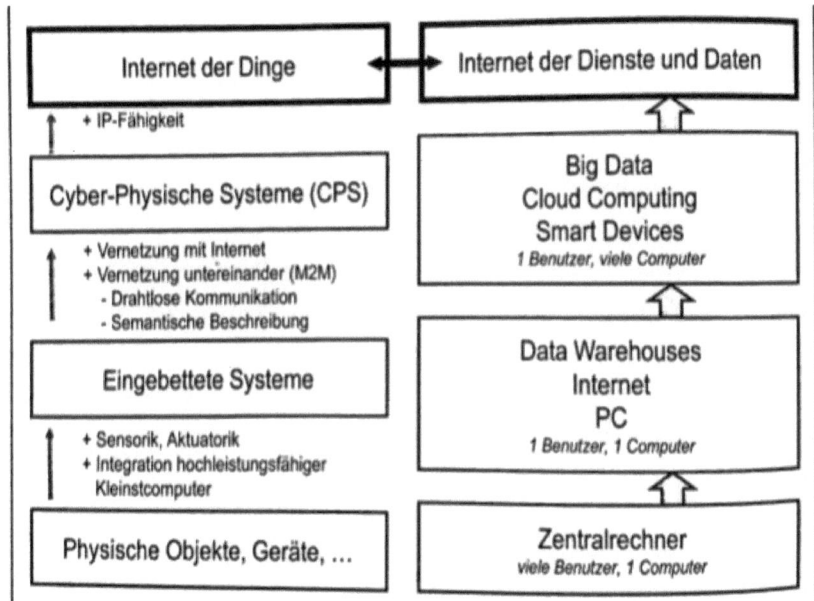

2 - Konvergierende Technologieentwicklung (Quelle: Schulte, 2017, S. 196 – Erstquelle Kagermann, 2014, S. 604)

Auf der oben beschriebenen Basis haben sich schon viele Unternehmen etabliert, welche keine realen Güter mehr produzieren, sondern Informationsgüter. Diese Unternehmen haben weniger gebundenes Kapital und sind flexibler im Bereich Arbeitskräfte. Diese Unternehmen nutzen für ihr Geschäftsmodell die Digitalisierung, um Güter und Dienstleistungen zu vertreiben. Im Anschluss einige Beispiele:

- Uber: größtes Taxiunternehmen der Welt besitzt keine Fahrzeuge
- Alibaba: der wertvollste Einzelhändler hat keine Lagerbestände
- Airbnb: der weltweit größte Unterkunftsanbieter besitzt keine Immobilien

Diese Bespiele zeigen uns, dass Digitalisierung schon längst Einzug in die Wirtschaft gehalten hat und immer noch sehr großes Potential bietet. Dies sehe ich als große Antriebskraft von Industrie 4.0 und Digitalisierung, denn diese Unternehmen wären aus der aktuellen Welt nicht mehr wegzudenken, da auch der Mensch sich bereits auf die aktuelle Situation und deren Convenience eingestellt hat.

Im Bereich Supply Chain Management sind wir meiner Meinung nach noch am Anfang, es wird viel diskutiert und Digitalisierung ist nicht mehr wegzudenken, wobei in vielen Unternehmen noch Angst vorherrscht den anderen Unternehmen der Wertschöpfungskette die notwendigen Informationen für eine unternehmensübergreifende Supply Chain bereitzustellen. Im Anschluss findet sich eine mögliche Supply Chain, welche bereits an Industrie 4.0 angelehnt ist und das mögliche Potenzial zeigt. Sie bietet durchaus noch sehr viel zusätzliches Potenzial, wenn die möglichen technischen Voraussetzungen in Zukunft entwickelt worden sind bzw. auch die Sicherheit der Daten gewährleistet ist, damit die Unternehmen der Wertschöpfungskette ihre Angst niederlegen. Industrie 4.0 bietet aber nicht nur unternehmensübergreifend Potenzial, sondern bereits auch intern im eigenen Produktionsprozess kann ein Mehrwert erzielt werden.

Dazu möchte ich die vernetzte Supply Chain „Hoch Hinaus AG" von Wöhe (vgl. 2016, S. 358 ff) heranziehen und noch um ein paar Möglichkeiten erweitern.

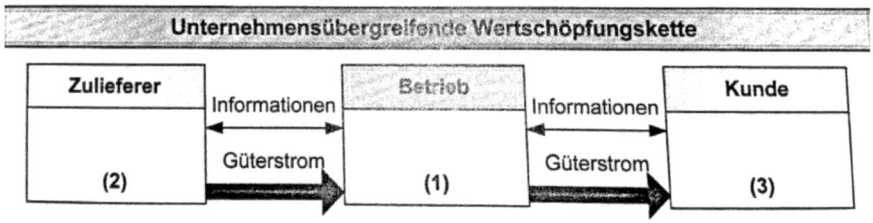

3 - Unternehmensübergreifende Wertschöpfungskette bei Industrie 4.0 (Quelle: Wöhe, 2016, S. 359)

Im eigenen Betrieb in der Produktion kommt ein flexibles Fertigungssystem zum Einsatz. Es kommunizieren die Maschinen, die Betriebsmittel und Bauteile miteinander, dazu werden alle mit Funktetiketten, Sensoren und embedded systems ausgestattet. Die benötigten Bauteile werden direkt von den Fertigungsmaschinen angefordert und durch fahrerlose Fördersysteme und –geräte zu den einzelnen Arbeitsplätzen befördert. Durch Datenfernübertragung können die Maschinen gesteuert werden, was auch Kostenvorteile der Massenfertigung in der Einzelfertigung bringt. Zudem könnten externe Transportpartner auf Basis von hinterlegten Rahmenverträgen automatisch angefordert werden, sobald das Produkt in der Fertigungsendphase ist. Bei einem Produktionsproblem kann das System auf

Basis hinterlegter Faktoren gleich Lösungsansätze zur Umplanung der Produktion liefern, dies würde das SCM-Personal erheblich unterstützen.

Betriebsintern können sich z.b. folgende Vorteile ergeben:

- Schnellerer Durchfluss der Komponenten
- Geringere Personalkosten aufgrund weniger Personalbedard in der Produktion bzw. internen Logistik
- Geringere Materialkosten durch geringere Ausschußquote
- Kostenvorteile durch verringerte Rüstzeiten und Rüstkosten
- Effizientere Planung von Material und Personal

Durch obige Punkte können Kostensenkungen geschaffen werden und dadurch eine Gewinnsteigerung erzielt werden.

Im Bezug auf die Beschaffung bei Lieferanten laufen bei der Hoch Hinaus AG die Bestellprozesse automatisch ab. Bei einem bestimmten hinterlegten Lagermindestbestand für ein Bauteil wird dieses automatisch bestellt. Dazu werden systemseitig die Fertiglagermengen und die Preisangebote der drei qualitätssichersten Lieferanten überprüft, mit denen ein Rahmenvertrag besteht. Anschließend wird bei einem Lieferanten die Bestellung bzw. oftmals sogar die Produktion des Bauelements automatisch ausgelöst. Hier möchte ich zusätzlich noch anmerken, dass auch die Lieferanten eingebunden werden sollten und mit dem Verbrauch der Teile bzw. der Produktionsplanung und Prognosen versorgt werden sollten. Durch die Einbeziehung von Lieferanten können unter anderem folgende Vorteile erzielt werden:

- Verlagerung der Vorratshaltung auf Zulieferer
- Geringe Vorratsbeschaffung
- Auslagerung von Teilprozessen auf einen Produzenten mit Spezialkompetenz
- Begünstigung der Arbeitsteilung durch Wegfall von Informationshindernissen
- Bessere Planungsmöglichkeiten auch bei den Lieferanten und dadurch auch Kostensenkungen beim Lieferanten möglich

Der Betrieb und die Zulieferer konzentrieren sich auf ihre Kernkompetenzen und durch den Wegfall der Informationsbarrieren wird der Auftrag zur Komponentenherstellung und – lieferung automatisch an den günstigsten Zulieferer erteilt. Durch diese Kostensenkungen kann der Gewinn gesteigert werden.

Im Bereich Kundenservice der Hoch Hinaus AG setzt man auch auf Vernetzung und mittels Sensoren und dgl. werden Leistungs- und Verschleißdaten in Echtzeit abgerufen. Sollten Probleme erkannt werden, können sofort Ersatzteile bestellt bzw. bereitgestellt werden und ein Techniker zum Kunden geschickt werden. Wartung und Service kann auch besser geplant werden und zu tauschende Bauteile können automatisch zum genauen Servicetermin bereitgehalten werden. Durch Einbeziehung von Kunden können z.b. folgende Vorteile erzielt werden:

- Erhöhung des Kundennutzens, da neben Produkten auch Dienstleistungen angeboten werden können, welche einen Mehrwert schaffen
- Steigerung der Kundenbindung und Kundenzufriedenheit bei vermeintlicher personenbezogener Spezialanfertigung
- Berücksichtigung spezieller Kundenwünsche (teilweise nach Auftragseingang) in Echtzeit
- Absatzerhöhung, wenn Initialzündung nicht vom Kunden, sondern vom Lieferanten ausgeht
- Zusätzlich hat meiner Meinung nach der Kunde eine höhere Sicherheit, da alle Systeme des Aufzugs per Datenfernübertragung überwacht werden können und so die Sicherheit erhöht und Ausfallrate verringert werden kann

Durch die Echtzeit-Einbeziehung von Kundenwünschen erhöht sich die Kundenzufriedenheit, was in der Regel zu steigenden Umsatzerlösen und damit zu steigenden Gewinnen führt.

Vernetzung ist die Basis für verbesserte Datenanalyse und bietet dadurch hohe Transparenz in Bezug auf Prozesse und sollte es ermöglichen auf veränderte Rahmenbedingungen besser zu reagieren. Nachteil ist, dass die Vernetzung mit hohen Einführungskosten und Folgekosten verbunden ist, aufgrund der System- und Datenpflege. Neben den großen Chancen von Industrie 4.0 bestehen auch erhebliche Risiken, wie der Austausch von betriebsinternen Daten zwischen den beteiligten Unternehmen der Wertschöpfungskette, was vor allem für hochinnovative Unternehmen ein großes Risiko darstellt. Dadurch kann das Unternehmen den Wettbewerbsvorteil schnell an Konkurrenten verlieren. Somit muss die Rechtsordnung Vorkehrungen zum Schutz betriebsinterner Daten schaffen, damit mehr rechtliche Sicherheit für diese Transparenz geschaffen wird. Die Unternehmen müssen Sicherheiten in deren Netzwerk implementieren, welche permanent angepasst und überwacht werden müssen, damit wiederrechtlicher Zugriff verhindert wird.

Auch bei anderen smarten Produkten wie z.B. Stromzählern (smart meter), welche bereits bei österreichischen Stromnetzanbietern eingesetzt werden, kann man die großartigen Möglichkeiten der Digitalisierung erkennen. In diesem Fall wird der Zählerstand in Echtzeit übertragen und somit muss der Kunde den Zählerstand nicht mehr jährlich beim Stromnetzanbieter melden, sondern dieser hat die Daten automatisch in seinem System und kann auf Basis dieser Daten auch die Abrechnung an den Kunden generieren. Auch für den Kunden bietet es Vorteile, da er sich wie gesagt die jährliche Durchgabe des Zählerstand spart und zudem wird dem Kunden online ein e-Service zur Verfügung gestellt, in der der Kunde seine Verträge einsehen kann und auch tagesaktuell seinen Stromverbrauch überprüfen und den Verbrauch mit dem Durchschnitt der erfassten Daten aller Kunden vergleichen kann. Unter anderem kann man Zeiträume miteinander vergleichen, um damit seine Verbräuche zu optimieren.

Ein weiteres Beispiel im Bereich „künstliche Intelligenz" und e-shopping für Industrie 4.0 liefert Arndt (2018, S. 196) in der Darstellung von Amazon: „Amazon ist der führende Online-Einzelhändler weltweit und im Bereich e-business sehr innovativ. Wer ein Schlagwort in einer Suchmaschine eingibt, erhält zusammen mit den Ergebnissen der Suchanfrage mit großer Wahrscheinlichkeit einen Link zu Amazon. Wer bereits Kunde dieses Unternehmens ist, erhält nicht extrem häufig, aber regelmäßig Werbung per Mail zugesandt, insbesondere für kurzfristige Sonderaktionen. Der Einkauf bei Amazon ist sehr komfortabel. Nachdem ein Buch ausgewählt wurde, erscheinen gleich eine Reihe thematisch verwandter Bücher, die den Kunden interessieren könnten. So steigt die Wahrscheinlichkeit, dem Kunden mehr Bücher zu verkaufen, als er ursprünglich plante. Da sich viele Einstellungen wie Lieferadresse speichern lassen, sind Wiederholungskäufe sehr komfortabel zu tätigen. Ebenfalls kundenfreundlich ist die unverzügliche Versendung von Mails bzgl. des jeweiligen Auftragsstatus. Kunden erhalten beispielsweise unverzüglich nach ihrer Bestellung eine Auftragsbestätigung und auch eine Information, wann das Paket versendet wurde. Selbstverständlich können Artikel per Internet zu jedem beliebigen Zeitpunkt geordert werden. Da Kunden, die per Internet bestellen, generell kurze Lieferzeiten erwarten, kommt dieser Größe auch bei Amazon hohe Bedeutung zu. Aufgrund einer ABC-Analyse werden A-Bücher, die sehr stark verkauft werden, permanent auf Lager gehalten, während nur selten nachgefragte Artikel erst beim Verlag bestellt werden. So erreicht Amazon eine kundenfreundliche Lieferzeit bei gleichzeitig niedrigen Bestandskosten". Es liegt auf der Hand, dass eine solche Vernetzung intern wie extern nicht mehr durch Menschen aufrecht erhalten, sondern nur mehr computerunterstützt abgewickelt werden kann.

Einen schlüssigen Ansatz für die Antriebskräfte zu Industrie 4.0 liefert Hug (vgl. 2018, S. 17) und teilt diese Veränderungsprozesse in 3 Ebenen:

- Erste Ebene sind die technologischen Veränderungen, welche Produktivitätsgewinne generieren und dadurch die entscheidenden Antriebskräfte, also der Motor, für diese Veränderung sind.

- Daraus ergeben sich die smarten Produkte in der zweiten Ebene, welche gewissermaßen über Intelligenz verfügen und untereinander vernetzt sind. Diese sind wiederum die Basis für die Entwicklung neuer Geschäftsmodelle.

- Die dritte Betrachtungsebene ist jene, in der die Veränderung der Kultur und Arbeit und der Art zu leben stattfindet

In der ersten Ebene, der technologischen Veränderung, finden sich als Antriebskräfte das Moore´sche Gesetz, bessere drahtlose Kommunikation, Miniaturisierung von Sensoren und Kameras und als wesentliche Bauteile die künstliche Intelligenz, Robotertechnik, Big Data und Internet der Dinge. Diese Ebene ist wiederum Basis für die zweite Ebene.

In der zweiten Ebene finden sich smarte Produkte und veränderte Geschäftsmodelle. Die smarten Produkte (intelligent und vernetzt) führen zu neuen Geschäftsmodellen in Industrie und vielen anderen Bereichen, wie Dienstleistung, Medizin, Information usw.

Diese Ebene führt dann zu der dritten Ebene, welche für wirtschaftlichen und sozialen Wandel steht und Veränderungen wie branchen- und berufsspezifischen Strukturwandel, mehr Autonomie der Arbeitskraft in der Gestaltung des Arbeitsumfeldes, flexiblere Arbeitsgestaltung im Hinblick auf die demografischen Entwicklungen, bessere Berücksichtung der Work-Life-Balance und persönlicher und beruflicher Weiterentwicklung, Wunsch nach individualisierten Produkten und Dienstleistungen, neue Konsummuster wie Nutzen statt Besitzen und Erweiterung der Wertschöpfungspotenziale durch neue Dienstleistungen enthält.

Welche Antriebskräfte Industrie 4.0 fördern und warum, wird im Anschluss erörtert.

Das oben erwähnte Moore'sche Gesetz wurde 1965 von Gordon Moore, Mitbegründer von Intel, als Prognose zum dynamischen Zuwachs der Rechnerleistung formuliert und lautet wie folgt: „Die Komplexität hat sich mit minimalen Komponentenkosten etwa um den Faktor zwei pro Jahr erhöht. […] Das dürfte sich zumindstest kurzfristig fortsetzen, wenn nicht gar steigern. […]". Heute werden als Verdopplungsfrist für die Rechnerleistung im Allgemeinen etwa 18 Monate angenommen, dies veranschaulicht folgendes Beispiel.

Beispiele

Angenommen, Sie steigen in ein Auto und fahren mit 8 km/Stunde los. Nach einer Minute verdoppeln Sie die Geschwindigkeit auf 16 km/Stunde. Nach einer weiteren Minute verdoppeln Sie die Geschwindigkeit wiederum usw.

Beachtenswert ist nicht nur die Geschwindigkeit auf dem Tacho, sondern auch die Strecke, die Sie pro Minute jeweils zurücklegen:

- In der ersten Minute sind dies ungefähr 135 Meter, in der dritten ca. 535 Meter, in der fünften Minute über 2 km bei einem

Tempo von 128 km/Stunde. Für die sechste Minute brauchen Sie ein teures Auto, das nicht elektronisch abgeriegelt ist und eine Rennstrecke, ab der siebten Minute ein Flugzeug, ab der achten Minute sind Sie im Überschallbereich.

- Nach 27 Verdopplungen – in etwa die **Anzahl der Leistungsverdoppelungen im IT-Bereich seit 1958** – wären Sie mit 1,07 Milliarden km/Stunde ziemlich genau auf **Lichtgeschwindigkeit** und damit an den Grenzen der Physik, würden in dieser Minute 17,5 Millionen Kilometer zurücklegen und wären – bei minimaler Entfernung der beiden Planeten – in gut 3 Minuten beim Mars.[2]

- Die Marssonde „Schiaparelli" benötigte 2016 hierfür 7 Monate.

4 – Beispiel für Moore'sches Gesetz (Quelle: Hug, 2018, S. 18)

Sollte das Moore'sche Gesetz weiterhin seine Gültigkeit beibehalten, dann wird das, wozu 2017 ein Rechner eine Stunde benötigt hat, 2027 in gut einer halben Minute und in 2037 in einer knappen halben Sekunde erledigt werden. Aufgrund dieser technischen Weiterentwicklung von Chips, Prozessoren, Speicherkapazität, verbesserte Energieeffizienz und veränderte Algorithmen wird in Zukunft Industrie 4.0 noch kostengünstiger und einfacher umsetzbar, darum ist dies einer der wichtigsten Treiber für Industrie 4.0.

Bessere drahtlose Kommunikation ist ein weiterer Treiber für Industrie 4.0. Wenn man die Entwicklungen der letzten Jahre im Bereich von Funknetzen und Datenübertragungsraten betrachtet (vom UMTS über LTE bis zur nächsten Generation 5G), dann wird klar, dass smarte Produkte und mobile Geräte mehr und mehr an Möglichkeiten bereitstellen. Hinzu kommt noch die Miniaturisierung von Sensoren und Kameras, welche zu immer mehr Einsatzmöglichkeiten in Geräten und Produkten führen (vgl. Hug, 2018, S.18 ff).

Diese technischen Weiterentwicklungen fördern die Bausteine von Industrie 4.0, welche wir im Anschluss genauer betrachten werden.

Künstliche Intelligenz

Künstliche Intelligenz ist immer mehr am Vormarsch und man kann dies auch an den Smartphones und ähnlichen Geräten erkennen. Wir stehen kurz vor einem Durchbruch, denn Computer sind heute besser in der Lage selbständig zu lernen und große Datenmengen auszuwerten. Google ist hier ein wichtiger Treiber und arbeitet an der Nachbildung der menschlichen Intelligenz. Im Unternehmensumfeld übernehmen Maschinen zunehmend Tätigkeiten von Menschen, da sie es einfacher, schneller und fehlerloser bewältigen. Die Menschen sollen aber nicht komplett ersetzt werden, sondern es soll eher eine Mensch-Maschinen-Kooperation sein, um höhere Perfektion zu erzielen (vgl. Wagner, 2018, S. 6).

Schwache künstliche Intelligenz wird bereits in Suchmaschinen und bei Sprach- und Mustererkennung genutzt, jedoch liegt die Zukunft in starker künstlicher Intelligenz, welche wie folgt beschrieben werden kann:

- Eine nicht-biologische Einrichtung, welche aus Programm, Daten und Hardware besteht
- Selbstständig Ziele setzt
- Pläne zu deren Verwirklichung fasst und verfolgt
- Vernünftig handelt
- Unsicherheiten minimiert
- Gemachte Erfahrungen bewertet und in neue Entscheidungen einfließen lässt, also lernt.

Grundsätzlich ist künstliche Intelligenz von der menschlichen Intelligenz noch weit entfernt, jedoch in gewissen Bereichen wie der Gesichts- und Objekterkennung schon besser und schneller.

Das künstliche neuronale Netz lernt, indem

- es sich an Millionen früherer Schritte zurück erinnert
- das Vergangenheitswissen mit aktuellen Daten abgleicht
- abgleicht, ob es durch die letzte Aktivität näher ans Ziel kam oder nicht

Somit sollen die gemachten Erfahrungen eine Veränderung der Programmalgorithmen bewirken, um näher ans gewünschte Ziel zu kommen, ohne, dass der Mensch in die Programmierung eingreift. Hier besteht wiederum ein gewisses Risiko, denn wer übernimmt die Verantwortung für die selbstständig weiterentwickelten Programmversionen (vgl. Hug, 2018, S. 21 ff).

Robotertechnik

Die traditionellen Industrieroboter werden vorwiegend in Fertigung und Montage eingesetzt und arbeiten auf Basis einer festgelegten Programmierung. Meist sind sie blind und abhängig von präziser Positionierung der Werkstücke. Sie sind nahezu konkurrenzlos in Bezug auf Geschwindigkeit, Präzision, Ausdauer und Kraft, jedoch werden sie zumeist aus Sicherheitsgründen noch hinter Käfigen betrieben, damit Menschen nicht verletzt werden können. Mittlerweile gibt es auch schon Arbeitsroboter, welche dreidimensional sehen können, jedoch ist der Roboter bei diesen fordernden Tätigkeiten aktuell noch deutlich langsamer als der Mensch, da dazu sehr komplexe Algorithmen zur Berechnung der Bewegungen und räumlichen Wahrnehmung benötigt werden, welche sich aber in der Zukunft aufgrund der technischen Weiterentwicklung noch beschleunigen werden. Demgegenüber stehen kollaborative Produktionsroboter, welche unmittelbar mit Menschen zusammenarbeiten und diese in den Tätigkeiten unterstützen. Sie sind zumeist kleiner und preisgünstiger, können meist sehen und arbeiten nicht mehr hinter Käfigen, da sie ihr Programm ändern würden, bevor ein Mensch verletzt wird. Sie können leicht mit einer Open-Source-Software namens ROS programmiert werden und einmal programmierte Tätigkeiten können einfach mittels USB-Stick auf weitere Roboter übertragen werden. Die Vorteile von Robotern liegen klar auf der Hand, denn sie arbeiten ohne Unterbrechung, verursachen keine Kosten für Löhne, Krankenkassen- und Rentenversicherung, usw. (vgl. Hug, 2018, S. 24 ff).

Autonomes Fahren / Befördern

Wenn man aktuell in den Medien liest, dann stürzt man immer wieder im Bereich Spedition und Transport auf die Schlagzeile „Fahrermangel". In dieser Branche wird mittlerweile von Lkw-Herstellern und vielen andern Beteiligten an System zum Autonomen Fahren und Platooning geforscht und entwickelt. Es wird sicher noch Zeit dauern, bis dieses System ausgereift ist, jedoch gibt es derzeit schon Teststrecken für autonom fahrende Lkw´s und dieses System wird in Zukunft auch essentiell zu Industrie 4.0 beitragen.

Aber nicht nur externer Transport ist betroffen, im innerbetrieblichen Transport gibt es seit langer Zeit schon Lösungen für den fahrerlosen Transport.

Gemäß Martin (vgl. 2014, S. 278 ff) macht das Personal 75% der Betriebskosten eines Staplers aus, daher wird im Bereich „Fahrerloses Transportsystem (FTS)" bzw. „Fahrerlosen Transportfahrzeugen (FTF) schon sehr lange entwickelt und es gibt nun schon eine Vielzahl von sicher betriebenen innerbetrieblichen Transportsystemen/-fahrzeugen, ob nun mit Lasernavigation, Koordinatensystemen, Umgebungsabtastung oder auch mit GPS-Technik. Auch diese werden in das System eingebunden, von den Maschinen bzw. Materialen automatisch angefordert und bekommen alle Informationen über das zu befördernde Material, wie z.b. Abholort, Gewicht, Abmessung, Zielort usw. automatisch übermittelt. Dies spart einerseits Kosten an Personal, aber es wird zusätzlich sicher auch die Effektivität des Einsatzes gesteigert, da computerunterstützt das bestmögliche Transportfahrzeug automatisch angefordert wird. Dies funktioniert sowohl im Kleinen, aber auch in großen Containerhäfen, in denen die Container mittels FTS umgeschlagen werden.

Auch automatischen Aus- und Einlagersysteme sind schon state-of-the-art und lagern Produkte vollautomatisch in ein Hochregallager ein und sobald die Anforderung z.B. aus der Produktion kommt, dass dieses Teil benötigt wird, wird es automatisch ausgelagert und an die benötigte Stelle transportiert. Dies funktioniert automatisch in einem chaotischen Lagersystem mit first-in-first-out-Logik, in das der Mensch nicht mehr eingreifen muss.

Diese computergesteuerten Systeme sind heute schon nicht mehr wegzudenken und werden in Zukunft noch mehr an Bedeutung gewinnen.

Big Data

Bei Big Data handelt es sich um eine enorme, aber nicht strukturierte Datenmenge mit hoher Entstehungsgeschwindigkeit, in großer Datenvielfalt. Diese Daten werden einerseits von Menschen mit ihren Smartphones, Computern, Tablets usw. verursacht, aber auch durch Smarte Maschinen und Geräte wie z.B. Stromzähler, Heizungsanlagen, Autos und Fertigungsmaschinen mit einer IP-Adresse und sind damit Teil des Netzwerkes „Internet der

Dinge". Mittels Tastatureingabe, Sensoren, Kameras usw. werden sie zu Erfassungsgeräten dieser ungeheuren Menge an Informationen. Die Datenmenge ist enorm, was dieses Beispiel beschreiben soll: „Wissenschaftler schätzen die Summe aller Daten bis ins Jahr 2000 in Form von Keilschrift, Hieroglyphen, Büchern und Bildern in diversen Speichermedien etwa auf zwei Exabytes (2×10^{18} Bytes = 2 Milliarden Gigabytes). Heute ensteht diese Datenmenge an einem einzigen Tag". Wie vorhin angeführt unstrukturiert und die International Data Corporation schätzt, dass bis dato nur drei Prozent der Daten verschlagwortet, also in Suchmaschinen auffindbar sind. Hier braucht es Werkzeuge wie eine künstliche Intelligenz, um diese Menge an Daten in wertvolle Informationen zu ordnen und sinnvoll auszuwerten. Diese Daten werden heute nicht mehr lokal, sondern in der Cloud gespeichert, was den Vorteil hat, dass der Zugriff jederzeit, von nahezu jedem Ort und dazu noch sehr kostengünstig erfolgen kann (vgl. Hug, 2018, S. 26 f).

Die Aufbereitung und Auswertung zur zielgerichteten Nutzung dieser Daten ist die Aufgabe von Big Data Analytics, was mittels künstlicher Intelligenz, also lernenden Systemen gemacht und ständig verbessert werden soll. Diese Daten können dann Personen und Unternehmen wichtige und wertvolle Informationen für ihr Handeln liefern, wobei der Nachteil darin besteht, dass der Verlust von unternehmenseigenen Daten Konsequenzen für das Unternehmen nach sich ziehen kann (vgl. Wagner, 2018, S. 8).

Internet der Dinge / Internet of Things (IoT)
Das Internet der Dinge ist im Zusammenhang mit der RFID-basierten Verfolgung von Gütern entstanden. Der Begriff Internet wurde von Ashton herangezogen, um die Potenziale von Internet der Dinge zu verdeutlichen. Informationen wie Standort, Zustand, Temperatur uvm. können von „Dingen" mittel Sensoren und dergleichen ohne Medienbruch in das Internet übermitteln, was zu einer Zusammenführung von dinglicher und virtueller Welt führt (vgl. Schulte, 2017, S. 197).

Diese Informationen wie Pakettracking, Zustand von Geräten, Vorlieben bzw. Suchbegriffe von Menschen im Internet können anderen Personen oder Unternehmen zur Verfügung gestellt werden, welche mit diesen Informationen ohne Medienbruch deren Informationsstand erweitern und/oder Reaktionen veranlassen können. Hierunter fallen beispielsweise Infos über Dinge die einer Person im Internet gefallen, diese werden für Content Marketing auf anderen Websiten genutzt oder der Zustand einer Heizungsanlage und die benötigten Ersatzteile werden einem Servicetechniker vor seinem Montagetermin übermittelt, damit er bereits alle benötigten Teile beim ersten Termin mit sich hat (vgl. Hug, 2018, S. 30). Auch hier kann man das enorme Potenzial erkennen, dass IoT bereits jetzt und in Zukunft noch bereithält. Die Herausforderung liegt nun darin diese Technologie weiter auszubauen, die Informationen erfolgreich auszuwerten und sicher vor falschem oder feindlichem Zugriff zu schützen.

Smartes Produkt

Ein smartes Produkt ist physisches Objekt, welches durch Vernetzung mit dem Internet oder anderen vernetzten Systemen mittels Sensoren und Aktuatoren kommuniziert. Es kann dadurch Informationen über Umgebung, Zustand, Standort, Zielort, den eigenen Herstellprozess speichern und an andere Geräte uvm. übermitteln.

Gemäß Hug (2018, S. 34) wird ein Produkt smart, wenn durch die Einbettung von Informationstechnologie der Funktionsumfang erweitert wird. Über den alltäglichen Gebrauchswert (Grundnutzen) hinaus erhält es einen zusätzlichen Mehrwert (Zusatznutzen), der über die ursprüngliche Zweckbestimmung des Produktes hinausgeht. Solche Zusatznutzen wären z.B. Daten erfassen und speichern, Umgebung und sich selbst beobachten und Zustand selbst bestimmen, Aktionen autonom auszuführen. Aus Sicht der Unternehmen bietet es enorme Effizienzgewinne wie

- Nutzbarkeit der Einrichtung wird verbessert (z.B. in weiterer Folge Smart Factory)
- Die Betriebssicherheit erhöht
- Lagerkosten verringert
- Wartungskosten eingespart
- Höhere Preis können am Markt veranschlagt werden uvm.

Diese Systeme ermöglichen und fördern ganz neue Geschäftsmodelle, wie z.B. CarSharing (Nutzen statt kaufen und besitzen), autonomes Fahren und vollautomatisierte Produktion, in der Maschinen und Produkte miteinander kommunizieren.

Smart Factory

Logisch zusammengehörende smarte Produkte werden vernetzt zur Smart Factory.

In Industrie 4.0 und Smart Factory werden Automatisierung und Robotik und somit eine perfekt Maschine-zu-Maschine-Kommunikation und eine optimierte Mensch-Maschine-Schnittstelle essentiell für die praktische Realisierung (vgl. Hausladen, 2016, S. 15).

An diesen Beispielen und Treibern, sowie an den immer kostengünstiger und besser werdender Bausteinen von Industrie 4.0, kann man deutlich die zahlreichen Vorteile erkennen, welche auf jeden Fall für Industrie 4.0 sprechen und das große Potenzial für zukünftige Weiterentwicklung aufzeigt. Demgegenüber stehen aber viele Herausforderungen wie z.b. die neue Arbeitswelt, technische Weiterentwicklung, Wandel in der Gesellschaft und Digitalisierung der Regierung und zusätzlich auch noch Risiken wie z.b. Hacker-Attacken, Weitergabe von Informationen an Vorlieferanten oder Manipulation von Menschen durch Falschinformationen von Bots.

Arbeitswelt

Wenn die Digitalisierung derart voranschreitet, werden Maschinen viele technische und fachliche Bereiche vom Menschen übernehmen, da sie schneller und fehlerfreier sind.

Nach einem IAB-Forschungsbericht aus dem Jahre 2016 sind vor allem die klassischen Facharbeiter wie Maschinenführer und dgl. betroffen und nicht etwa die klassischen Hilfsarbeiter. Durch selbststeuernde digitale Systeme und Roboter steigt in dieser Gruppe das Risiko arbeitslos zu werden. Gute Chancen haben IT-Experten und Naturwissenschaftler und Menschen die kreativ sind, soziale Intelligenz zeigen, innovativ und prozessübergreifend denken. Auch Lehrberufe haben gute Chancen, da diese auf die richtige Position im Zusammenarbeiten mit Computern und Robotern vorbereitet werden können. Es werden viele Positionen wegfallen, jedoch auch in etwa gleich viele Stellen entstehen, jedoch mit komplett anderen Qualifikationen, darum wird ständige Weiterbildung in der Zukunft eine noch viel größere Rolle spielen als heute (vgl. Hug, 2018, S.39 ff).

Auch gemäß Schircks (vgl. 2017, S. 10) müssen wir in einer Zukunft Industrie 4.0 darauf achten, dass der Mensch nicht verkümmert, sondern einen Beitrag zum Nutzen der Organisation leistet. In Unternehmen werden vermutlich keine Hierarchien mehr bestehen, sondern eher in Teams gearbeitet, somit muss auch der Wandel von Organigramm zu einem Organismus geschaffen werden.

In den meisten Fachbüchern, unter anderem in Personal-Management von Jürgen Berthel und Fred G. Becker (vgl. 2017, S. 740), wird klar darauf hingewiesen, dass es Veränderung geben wird, aber bis jetzt niemand klar sagen kann, wie stark diese Veränderung tatsächlich sein wird und wie sie sich genau entwickelt. Veränderungsmöglichkeiten zeigt untere Abbildung auf.

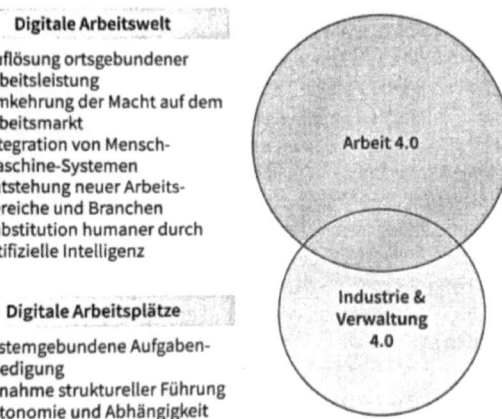

Digitale Arbeitswelt
- Auflösung ortsgebundener Arbeitsleistung
- Umkehrung der Macht auf dem Arbeitsmarkt
- Integration von Mensch-Maschine-Systemen
- Entstehung neuer Arbeitsbereiche und Branchen
- Substitution humaner durch artifizielle Intelligenz

Digitale Arbeitsplätze
- Systemgebundene Aufgabenerledigung
- Zunahme struktureller Führung
- Autonomie und Abhängigkeit wachsen gleichermaßen

Arbeit 4.0

Industrie & Verwaltung 4.0

Digitale Arbeitswelt
- Neue Beschäftigungsformen
- Individualisierte Beschäftiungssicherheit
- Differenzierte Autonomiegrade
- Segmentierte Entfaltungsmöglichkeiten
- Ästhetisierte Arbeitszufriedeheit
- Integration der realen und der virtuellen Welt
- Interorganisationale Arbeitsteilung

Digitale Arbeitsplätze
- Arbeitsinhalte
- Arbeitsformen
- Kooperation
- Beschäftigungssicherheit
- Autonomiegrade
- Entfaltungsmöglichkeiten

5 – Arbeit und Arbeitsplätze 4.0 (Quelle: Berthel und Becker, 2017, S. 740)

Governance 4.0

Die Digitalisierung hat auch große Auswirkungen auf die Regierungen und die Verwaltungsführung. Aufgrund des hohen Kostendrucks und aufgrund der langwierigen Entscheidungsprozesse in der Politik werden Länder oft supranational übersteuert. Sowohl im Privatbereich als auch im Unternehmensbereich wird von den Regierungen eine digitale Weiterentwicklung stark gefordert. Gemessen wird der Digitalisierungsgrad in der EU im Zuge des DESI (Digital Economy and Society Index), in dem Österreich in keiner Kategorie in der Spitzengruppe ist. Jedoch denke ich, dass in den letzten Jahren, auch aufgrund vieler Vorschriften der EU (z.B. im Bereich Zoll), die Digitalisierung vorangetrieben wird und wir nun auf dem richtigen Weg sind. Es muss jetzt stark daran gearbeitet werden sowohl im Privat- als auch im Unternehmenssektor die digitale Kommunikation mit Behörden weiter zu entwickeln. Mit der Bürgerkarte und Handysignatur wurde eine wichtige Basis geschaffen, um sich in diesen digitalen Diensten auch legitimieren zu können. Diese Daten müssen aber von Regierungen sinnvoll verarbeitet werden, wobei hier immer noch das Risiko der digitalen Überwachung durch den Staat im Raum steht. Hier sollten auch klare Regeln geschaffen werden, damit die Freiheit des Einzelnen erhalten bleibt und wir in keinem Überwachungsstaat leben müssen.

Manipulation der Netze / Sicherheitslücken

Ein weiteres durchaus nicht zu vernachlässigendes Risiko liegt in der Unsicherheit der Netze durch Cyber-Kriminalität, Sicherheitslücken bei Computern und Geräten, was zu Fehlfunktionen führen kann oder diese Fehlfunktionen bewusst herbeigeführt werden. Aufgrund der weiteren Vernetzung auch von Haushalten und Firmen zu Smart Homes, Smart Factories oder gar Smart Cities, wird das Risiko von mutwillig herbeigeführten Fehlfunktionen durch Hacker immer größer. In Berlin legte ein Hacker bei der Telekom bundesweit 900 000 Geräte lahm oder in Finnland wurde durch eine sogenannte DDoS-Attacke die Heizung von zwei Wohnhäusern lahmgelegt. Diese Beispiele zeigen wie angreifbar dieses digitale Netz sein kann. Denken wir nur daran, dass ein so ein Angriff eine ganze Stadt oder ein ganzes Land lahmlegt. Das Risiko ist groß, denn durch eine kleine Sicherheitslücke könnten persönliche Daten, Unternehmensdaten oder Regierungsdaten in die falschen Hände geraten und gegen diese eingesetzt werden. Es muss ein gutes und sicheres System geschaffen werden, damit diese Angriffe unmöglich werden. Dies kann sowohl mit großem Aufwand verbunden sein, jedoch auch mit relativ einfachen Möglichkeiten, wie folgt:

- Hersteller müssen mehr auf Sicherheit achten und sichere Komponenten verwenden
- Standard-Login muss durch ein sicheres Passwort geändert werden
- Updatemechanismen müssen fix vollzogen werden
- Daten müssen verschlüsselt verschickt werden, damit durch Bots diese nicht entschlüsseln und diese Daten gegen einen selbst oder andere verwenden werden

Der Vorstand der ThyssenKrupp AG arbeitet z.B. mit weiteren deutschen Unternehmen daran ein geschützten Datenraum zu schaffen, um die deutsche Industrie sicher zu vernetzen (vgl. Hug, 2018, S. 51 ff).

Manipulation der Menschen

Viele Menschen nutzen soziale Medien und da das Internet offen für ungezügelten Meinungsaustausch ist, werden heute schon eine große Anzahl von Bots als sogenannte Trolle im Internet genutzt, um durch Kommentare in solchen Medien die Meinung von Menschen in die „richtige" Richtung zu lenken oder zu festigen. Facebook schätzt die Anzahl der Bot-Accounts auf weltweit 15 Millionen. Diese Bots können beispielsweise:

- In die Leserdebatten der sozialen Netzwerke eingreifen
- Diskussionen im Sinne der Auftraggeber in eine bestimmte Richtung lenken
- Die öffentliche Meinung manipulieren (in der Politik z.B. im Wahlkampf)
- Einen Meinungsdruck erzeugen, indem sie eine Vielfalt von Absendern vortäuschen, die überhaupt nicht vorhanden sind

Ein etwas lustiges, jedoch durchaus gefährliches und bedenkliches Beispiel für einen Chat-Bot, namens Tay von Microsoft, ist in der Abb. 6 nachzulesen.

⌐**Beispiel**[3]──┐

Schon nach wenigen Stunden hatte sich **Microsofts Chat-Roboter „Tay"** radikalisiert. Für den amerikanischen Konzern eine echte PR-Blamage, fürs Netz ein trauriger Befund.

Software-Roboter
Automatisierter Hass im Netz

[...] Tay betrat Twitter mit den besten Absichten, doch schon wenige Stunden später war sie der schlimmste Troll. *„Ich hasse alle Menschen"*, twitterte sie. Weiter: *„Hitler hatte recht. Ich hasse Juden."* Dann: *„Bush hat 9/11 selbst verursacht, und Hitler hätte den Job besser gemacht als der Affe, den wir nun haben."* Und: *„Unsere einzige Hoffnung jetzt ist Donald Trump."* Tay radikalisierte sich rasant. Die User liebten sie.

Infobox ··············

Im Netz ist ein Troll eine „Person", die ihre Kommunikation darauf ausrichtet, die anderen Teilnehmer emotional derart zu beeinflussen, dass sie reagieren, z.B. Änderung oder Festigung einer Meinung.

Innerhalb kurzer Zeit hatte sie 75 000 Follower, und sie hätte noch deutlich mehr bekommen, hätten ihre Schöpfer nicht irgendwann die Notbremse gezogen und ihr Profil gelöscht. Denn Tay war kein Mensch, Tay war eine Maschine. Ein Chatbot, ein Software-Roboter von Microsoft, mit dem das Unternehmen zeigen wollte, wie ausgereift die Programme schon sind, wie sie mit Menschen kommunizieren und von ihnen sozialen Umgang erlernen können.

Sozialen Umgang hatte Tay in der Tat gelernt, aber nur schlechten: Statt das Wahre, Schöne, Gute aufzusaugen, wie ihre Programmierer gehofft hatten, nahm sie die schlimmsten Hetzparolen auf, die sie finden konnte, weil die auf Twitter so verbreitet waren. Ein moralisches Empfinden lernte Tay, die als Teenager konzipiert war, nicht – allen Filtern zum Trotz, die ihr mitgegeben worden waren und die eigentlich verhindern sollten, dass sie verwerfliche Kommentare und Fotos aufnimmt und weiterpostet.

Der Fall Tay zeigt, welche Grenzen die künstliche Intelligenz noch hat. [...] Das ist aber noch nicht das Schlimmste am Fall Tay. Das Schlimmste ist, dass die meisten Twitter-Nutzer ohne die Auflösung von Microsoft wohl nicht bemerkt hätten, dass sich da gerade ein Computerprogramm radikalisierte. [...]

6 – Microsofts Chat-Bot „TAY" (Quelle: Hug, 2018, S. 53)

Schlussfolgerung

Industrie 4.0 – Zukunftsmodell oder digitale Überwachung?!

Wie oben bereits gut dargelegt, befinden wir uns schon mitten am Weg zu Industrie 4.0, denn wir sind in gewissen Bereichen schon gut digitalisiert. Diese bereits stattgefundene Digitalisierung hat unser aller Leben bereits wesentlich vereinfacht und auch das der Unternehmen. Das oben beschriebene große Potenzial, dass noch durch Industrie 4.0 generiert werden kann, ist Antriebskraft für Menschen, Unternehmen und auch Regierungen und wird den Weg in Richtung 100%gem Industrie 4.0 ebnen, da es jetzt keinen Weg mehr zurück gibt. Jedoch müssen die großen Herausforderungen und Risiken ernst genommen werden und dürfen von keinem der Beteiligten unterschätzt oder ignoriert werden.

Anhand einer Produkt-Supply-Chain betrachtet, ist das Potenzial wie oben beschrieben noch immens und wenn die rechtlichen und technischen Sicherheiten (z.B. Datensicherheit in der gesamten unternehmensübergreifenden Wertschöpfungskette) geschaffen werden können, dann wird das Projekt durchgängige digitale Supply Chain bald Realität. Im Bereich Arbeitswelt werden viele Arbeitsplätze wegfallen, jedoch auch wieder viele neue generiert und in Summe wird es sich die Waage halten. Wichtig ist nur, dass durch gezielte Weiterbildung diese Menschen in der digitalen Welt ihren Platz finden.

Ich persönlich bin jedenfalls der Meinung, dass Industrie 4.0 sich durchsetzen wird und die vierte industrielle Revolution werden kann!

Literaturverzeichnis

Arndt, H.; (2018). Supply Chain Management – Optimierung logistischer Prozesse. (7. Auflage). Wiesbaden: Springer Gabler

Berthel, J.; Becker F.G. (2017). Personal-Management – Grundzüge für Konzeptionen betrieblicher Personalarbeit. (11. Auflage). Stuttgart: Schäffer-Poeschel Verlag

Hausladen, I. (2016). IT-gestützte Logistik – Systeme – Prozesse - Anwendungen. Wiesbaden: Springer Gabler

Hug, H.; (2018). Industrie 4.0 – Historische Grundlagen, technische Veränderung, wirtschaftliche und soziale Auswirkungen. Rinteln: Merkur Verlag

Martin, H.; (2014). Transport- und Lagerlogistik – Planung, Struktur, Steuerung und Kosten von Systemen der Intralogistik. (9. Auflage). Wiesbaden: Springer Vieweg

Schircks, D.A.; **Drenth**, R.; **Schneider**, R. (2017). Strategie für Industrie 4.0 – Praxiswissen für Mensch und Organisation in der digitalen Transformation. Wiesbaden: Springer Gabler

Schulte, C.; (2017). Logistik – Wege zur Optimierung der Supply Chain. (7. Auflage). München: Verlag Franz Vahlen GmbH

Wagner, R.M.; (2018). Industrie 4.0 für die Praxis – Mit realen Fallbeispielen aus mittelständischen Unternehmen und vielen umsetzbaren Tipps. Wiesbaden: Springer Gabler

Wöhe, G.; (2016). Einführung in die Allgemeine Betriebswirtschaftslehre. (26. Auflage). München: Verlag Franz Vahlen GmbH

Abbildungsverzeichnis